I0839821

Elisée Reclus

Du Sentiment
de la nature
dans les sociétés
modernes

Essai

Le code de la propriété intellectuelle du 1er juillet 1992 interdit en effet expressément la photocopie à usage collectif sans autorisation des ayants droit. Or, cette pratique s'est généralisée dans les établissements d'enseignement supérieur, provoquant une baisse brutale des achats de livres et de revues, au point que la possibilité même pour les auteurs de créer des œuvres nouvelles et de les faire éditer correctement est aujourd'hui menacée. En application de la loi du 11 mars 1957, il est interdit de reproduire intégralement ou partiellement le présent ouvrage, sur quelque support que ce soir, sans autorisation de l'Éditeur ou du Centre Français d'Exploitation du Droit de Copie , 20, rue Grands Augustins, 75006 Paris.

ISBN : 978-1986343909

10 9 8 7 6 5 4 3 2 1

Elisée Reclus

Du Sentiment de la nature dans les sociétés modernes

Essai

Table de Matières

Section I　　　　　　　　　　　7

Section II　　　　　　　　　　19

Section III　　　　　　　　　29

Section I

Il se manifeste depuis quelque temps une véritable ferveur dans les sentiments d'amour qui rattachent les hommes d'art et de science à la nature. Les voyageurs se répandent en essaims dans toutes les contrées d'un accès facile, remarquables par la beauté de leurs sites ou le charme de leur climat. Des légions de peintres, de dessinateurs, de photographes, parcourent le monde des bords du Yang-tse-kiang à ceux du fleuve des Amazones ; ils étudient la terre, la mer, les forêts sous leurs, aspects les plus variés ; ils nous révèlent toutes les magnificences de la planète que nous habitons, et grâce à leur fréquentation de plus en plus intime avec la nature, grâce aux œuvres d'art rapportées de ces innombrables voyages, tous les hommes cultivés peuvent maintenant se rendre compte des traits et de la physionomie des diverses contrées du globe. Moins nombreux que les artistes, mais plus utiles encore dans leur travail d'exploration, les savants se sont aussi faits nomades, et la terre entière leur sert de cabinet d'étude : c'est en voyageant des Andes à l'Altaï que Humboldt a composé ses admirables *Tableaux de la nature*, dédiés, comme il le dit lui-même, à « ceux qui, par amour de la liberté, ont pu s'arracher aux vagues tempétueuses de la vie. »

La foule des artistes, des savants et de tous ceux qui, sans prétendre à l'art ni à la science, veulent simplement se restaurer dans la libre nature, se dirige surtout vers les régions de montagnes. Chaque année, dès que la saison permet aux voyageurs de visiter les hautes vallées et de s'aventurer sur les pics, des milliers et des milliers d'habitants des plaines accourent vers les parties des Pyrénées et des Alpes les plus célèbres par leur beauté ; la plupart viennent, il est vrai, pour obéir à la mode, par désœuvrement ou par vanité, mais les initiateurs du mouvement sont ceux qu'attire l'amour des montagnes elles-mêmes, et pour qui l'escalade des rochers est une véritable volupté. La vue des hautes cimes exerce sur un grand nombre d'hommes une sorte de fascination ; c'est par un instinct physique, et souvent sans mélange de réflexion, qu'ils se sentent portés vers les monts pour en gravir les escarpements. Par la majesté de leur forme et la hardiesse de leur profil dessiné en plein ciel, par la ceinture de nuées qui s'enroule à leurs flancs, par les variations incessantes de l'ombre et de la lumière qui se produisent dans les ravins et sur les contre-forts, les montagnes deviennent pour ainsi dire des êtres doués de vie, et c'est afin de surprendre le secret de leur existence qu'on cherche à les conquérir. En outre on se sent attiré vers elles par le contraste qu'offre la beauté virginale de leurs pentes incultes avec la monotonie des plaines cultivées et souvent enlaidies par le travail de l'homme. Et puis les monts ne comprennent-ils pas, dans un petit espace, un résumé de toutes les splendeurs de la terre ? Les climats et les zones de végétation s'étagent sur leur pourtour : on peut y embrasser d'un seul regard les cultures, les forêts, les prairies, les rochers, les glaces, les neiges, et chaque soir la lumière mourante du soleil donne aux sommets un merveilleux aspect de transparence, comme si l'énorme masse n'était qu'une légère draperie rose flottant dans les cieux.

Jadis les peuples adoraient les montagnes ou du moins les révéraient comme le siège de leurs divinités. A l'ouest et au nord du mont Mérou, ce trône superbe des dieux de l'Inde, chaque étape de la civilisation peut se mesurer par d'autres monts sacrés où s'assemblaient les maîtres du ciel, où se passaient les grands événements mythologiques de la vie des nations. Plus de cinquante montagnes, depuis l'Ararat jusqu'au mont Athos, ont été désignées comme les cimes sur lesquelles serait descendue l'arche contenant dans ses flancs l'humanité naissante et les germes de tout ce qui vit à la surface de la terre. Dans les pays sémitiques, tous les sommets étaient des autels consacrés soit à Jéhovah, soit à Moloch où à d'autres dieux : c'était le Sinaï, où les tables de la loi juive apparurent au milieu des éclairs ; c'était le mont Nébo, où une main mystérieuse ensevelit Moïse ; c'était le Morija portant le temple de Jérusalem, Je Garizim où montait le grand-prêtre pour bénir son peuple, le Carmel, le mont Thabor et le Liban couronné de cèdres. C'est vers ces « hauts lieux, » où se trouvaient leurs autels, que Juifs ou Chananéens se rendaient en foule pour aller égorger leurs victimes et brûler leurs holocaustes. De même pour les Grecs chaque montagne était une citadelle de titans ou la cour d'un dieu : un pic du Caucase servait de pilori à Prométhée, le père et le type de l'humanité ; le triple dôme de l'Olympe était le magnifique séjour de Jupiter, et quand un poète invoquait Apollon, c'était les yeux tournés vers le sommet du Parnasse.

De nos jours, on n'adore plus les montagnes, mais ceux qui les ont souvent parcourues les aiment d'un amour profond. Telle cime que l'on a gravie semble vous regarder ; elle vous sourit de loin ; c'est pour vous qu'elle fait briller ses neiges et que le soir elle s'éclaire d'un dernier rayon. Avec quel bonheur on se rappelle le moindre incident de l'ascension, les pierres qui se détachaient de la pente et qui plongeaient dans le torrent avec un bruit sourd, la racine à laquelle on s'est suspendu pour escalader un mur de rochers, le filet d'eau de neige auquel on s'est désaltéré, la première crevasse de glacier sur laquelle on s'est penché et qu'on osa franchir, la longue pente qu'on a si péniblement gravie en enfonçant jusqu'à mi-jambes dans la neige, enfin la crête terminale d'où l'on a vu se déployer jusqu'aux brumes de l'horizon l'immense panorama des montagnes, des vallées et des plaines ! Quand on revoit de loin la cime conquise au prix de tant d'efforts, c'est avec un véritable ravissement que l'on découvre ou que l'on devine du regard le chemin pris jadis des vallons de la base aux blanches neiges du sommet. Dans ce grand tableau qu'offrent les pentes de la montagne, on retrouve tous les souvenirs d'une journée de bonheur.

D'où vient cette joie profonde qu'on éprouve à gravir les hauts sommets ? D'abord c'est une grande volupté physique de respirer un air frais et vif qui n'est point vicié par les impures émanations des plaines. L'on se sent comme renouvelé en goûtant cette atmosphère de vie ; à mesure qu'on s'élève, l'air devient plus léger ; on aspire à plus longs traits pour s'emplir les poumons, la poitrine se gonfle, les muscles se tendent, la gaîté entre dans l'âme. Et puis on est devenu maître de soi-même et responsable de sa propre vie. Le piéton qui gravit une montagne n'est pas livré au caprice des éléments comme le navigateur aventuré sur les mers ; il est bien moins encore, comme le voyageur transporté par chemin de fer, un simple colis humain tarifé, étiqueté, contrôlé, puis expédié à heure fixe sous la surveillance d'employés en uniforme. En touchant le sol, il a repris l'usage de ses membres et de sa liberté. Son œil lui sert à éviter les pierres du sentier, à mesurer la profondeur des précipices, à découvrir les saillies et les anfractuosités qui faciliteront l'escalade des parois. La force et l'élasticité des muscles permettent de franchir les abîmes, de se retenir sur les pentes rapides, de se hisser de degré en degré dans les couloirs. En mille occasions, durant l'ascension d'une montagne escarpée, on comprend qu'il y aurait à courir un vrai danger, si l'on venait à perdre l'équilibre, ou si le regard était tout à coup voilé par un vertige, ou si les membres refusaient leurs services. C'est précisément cette conscience du péril, jointe au bonheur de se savoir agile et dispos, qui double dans l'esprit du montagnard le sentiment de la sécurité.

Quant au plaisir intellectuel qu'offre l'ascension, et qui du reste est si intimement lié avec les joies matérielles de l'escalade, il est d'autant plus grand que l'esprit est plus ouvert et qu'on a mieux étudié les divers phénomènes de la nature. On prend sur le fait le travail d'érosion des eaux et des neiges, on assiste à la marche des glaciers, on voit les roches erratiques cheminer des sommets vers la plaine, on suit du regard les énormes assises horizontales ou redressées, on aperçoit les masses de granit soulevant les couches ; puis, quand on se trouve enfin sur une haute cime, on peut contempler dans son ensemble l'édifice de la montagne avec ses ravins et ses contre-forts, ses neiges, ses forêts et ses prairies. Les combes et les vallées que les glaces, les eaux et les intempéries ont sculptées dans l'immense relief se révèlent nettement. On voit l'œuvre accomplie pendant des milliers de siècles par tous ces agents géologiques. En remontant jusqu'à l'origine des montagnes elles-mêmes, on porte un jugement plus assuré sur les diverses hypothèses des savants relatives à la rupture de l'écorce terrestre, au plissement des couches, à l'éruption du granit ou du porphyre.

D'ailleurs, il faut bien l'avouer, la vanité peut se mêler aussi et se mêle souvent à la noble passion qui porte le voyageur à gravir les hauts sommets. Non-seulement l'homme est exalté par cette fierté naturelle que doit produire en lui la joie de pouvoir, en dépit de sa petitesse, triompher par son intelligence et sa volonté des obstacles qui l'arrêtent, non-seulement il jouit de vaincre la montagne elle-même et de se proclamer le conquérant de ce pic redoutable, dont la première vue l'avait pourtant rempli d'une sorte de terreur religieuse ; mais il écoute aussi d'avance le bruit qui ne manquera pas de se faire autour de son nom, s'il réussit à poser le pied sur la cime convoitée, peut-être même est-il flatté d'avance du sentiment d'envie que lui porteront des explorateurs moins heureux. C'est une grande et en même temps une bien puérile volupté d'atteindre le premier un but vers lequel plusieurs regardent à la fois, de poser le premier un drapeau sur un rempart conquis, de s'élancer le premier sur un rivage désiré, un voyageur célèbre, reconnaissant qu'il essaierait vainement d'escalader la plus haute cime du mont Cervin, voulait du moins atteindre l'aiguille la plus rapprochée du sommet, alors réputé inaccessible. « A quoi bon ? lui dit le guide. Cette roche est sans gloire et sans nom. » Et le touriste, tournant le dos au Cervin, prit le chemin d'une autre cime inviolée. Il est certain d'ailleurs que cette vanité enfantine qui consiste à vouloir se faire un piédestal d'une haute montagne péniblement gravie est la grande, sinon l'unique cause de ces terribles accidents qui ne manquent jamais d'arriver chaque année. Si le gravisseur n'est pas absolument sûr de la netteté de son coup d'œil et de la vigueur de ses membres, qu'il ose reculer sans mauvaise honte devant tous les passages trop difficiles pour lui, et l'on n'aura pas à déplorer d'effroyables aventures dont le simple récit donne le frisson !

Le nombre des ascensions importantes s'est considérablement accru depuis que les amans des roches et des glaciers ont appliqué le principe tout-puissant de l'association à l'escalade et à la connaissance intime des grands sommets. Des sociétés composées de savants, de marcheurs émérites et d'hommes de loisir qui veulent donner un but à leur vie, se sont formées en plusieurs contrées de l'Europe, et, sous le nom de *clubs alpins*, sont entrées en ligue pour ne laisser aucune aiguille de rochers, aucun couloir d'avalanches vierge de pas humains. Elles ont dressé la liste de tous les pics encore rebelles, discuté les moyens de les atteindre, provoqué des multitudes d'ascensions, et par leurs cartes, leurs mémoires, leurs réunions nombreuses, ont grandement contribué à faire connaître l'architecture des Alpes. Les recueils qui contiennent les journaux de voyage des membres des divers clubs alpins sont incontestablement les ouvrages où l'on trouve le plus de renseignements précieux sur les roches et les glaces des hautes montagnes de l'Europe et les plus beaux récits d'ascensions. Dans l'avenir, quand les Alpes et les autres chaînes accessibles du monde seront parfaitement connues, les mémoires des clubs alpins seront l'iliade des coureurs de montagnes, et l'on se racontera les exploits des Tyndall, des Tuckett, des Coaz, des Theobald et autres héros de cette grande épopée de la conquête des Alpes comme on se racontait jadis les exploits des hommes de guerre.

C'est incontestablement aux Anglais que revient l'honneur d'avoir donné l'impulsion à tout ce grand mouvement d'exploration des hautes cimes. Il y a déjà cent vingt-cinq ans, Pococke et Wyndham avaient, pour ainsi dire, découvert le Mont-Blanc. Depuis cette époque mémorable, ce sont aussi des Anglais qui, dépassant en zèle et en intrépidité les habitants mêmes des Alpes suisses et bien plus encore les montagnards savoyards, italiens et français, ont le plus souvent gravi le Mont-Blanc et les autres géants des Alpes ; ce sont eux qui ont étudié avec le plus d'ardeur la Mer-de-Glace et les divers glaciers des massifs occidentaux, et qui nous ont expliquera véritable topographie des groupes peu connus du Pelvoux, du Grand-Paradis, du Viso ; ce sont eux enfin qui par la fondation du premier *Alpine Club* ont fait surgir depuis un grand nombre de sociétés du même genre dans les diverses contrées de l'Europe.

Quelle est la raison de cette remarquable prééminence des Anglo-Saxons dans l'exploration des montagnes ? Sans doute il faut la chercher en grande partie dans le sang même de la race. Les voyageurs anglais, marins ou gravisseurs, descendent de ces audacieux Vikings qui se disaient « les rois du flot sauvage, » et qui dans leurs barques étroites s'aventuraient avec tant de joie sur les vagues courtes et dangereuses de la Mer du Nord. Les Danois et les Normands, fils des Vikings, se sont établis en Angleterre, et, mêlés aux aborigènes et aux anciens conquérants du sol, ils ont ajouté à la ténacité bretonne leur audace et leur amour des aventures. Le milieu natal a fait le reste. La déclivité des campagnes doucement inclinées vers la mer, les profondes échancrures des côtes, les larges estuaires des fleuves, la facilité des communications maritimes, l'heureuse situation des ports en face de l'Allemagne et de la France, tous ces avantages naturels ont poussé les Anglais vers le commerce et les voyages. La Grande-Bretagne est devenue pour les échanges le principal marché du monde entier, et par suite c'est là qu'avec les progrès de la civilisation a dû se développer plus que partout ailleurs le désir de connaître les pays dont l'aspect diffère de celui de l'Angleterre. Il n'est pas jusqu'à la constitution de la propriété anglaise qui n'ait pour résultat de pousser hors de la patrie un grand nombre d'hommes énergiques, et d'accroître ainsi le goût et l'expérience des voyages de toute nature. Tandis que les ouvriers et les cultivateurs sans patrimoine s'exilent volontairement pour aller chercher le bien-être et l'indépendance dans un autre hémisphère, nombre de personnes aisées, que l'institution du majorat a privées de propriétés foncières, et qui n'ont pour ainsi dire aucun lien d'attache avec le sol natal, sont toujours prêtes à changer de pays. N'ayant pas de champs qui leur appartiennent en propre, elles prennent la terre entière pour domaine, et, nouveaux Mamertins, quittent en foule la patrie qui n'a plus besoin d'elles.

Pour nous rendre compte de l'invincible attraction qui entraîne tant de touristes anglais vers les crevasses des glaciers, les couloirs des avalanches et les corniches des rochers, il ne faut pas oublier que de tout temps l'Anglo-Saxon a professé un véritable culte pour la force physique. Grand mangeur de viande presque crue, il se complaît à tous les exercices violents où les muscles se tendent, où l'organisme humain est poussé tout entier comme une machine dans un puissant effort, où le sang du cœur, s'élançant vers la peau, ne demande qu'à circuler. Lorsque cette admiration, du reste très légitime, pour l'exercice de la force brutale n'est pas équilibrée chez l'Anglais par des sentiments plus délicats, elle dégénère fatalement en cruauté, — non pas cette cruauté qu'inspire le fanatisme ou que donne l'insouciance aux peuples latins, mais une cruauté froide, réfléchie, systématique, — l'amour du sang pour le sang lui-même. On est malheureusement bien forcé de constater cette dépravation du sens moral lorsqu'on voit le parlement interrompre ses séances pour laisser aux hommes d'état la satisfaction d'aller contempler le combat de deux boxeurs qui, la face et la poitrine nues, se meurtrissent, se mutilent, s'aveuglent de coups et se changent l'un l'autre en deux masses de chair saignante. A l'époque de la guerre des cipayes, lorsqu'on entendait dans la plupart des églises les pasteurs invoquer le Dieu des armées pour lui demander l'extermination des rebelles, et tout récemment encore, lorsque de grossiers applaudissements ont accueilli en diverses parties de la société anglaise la nouvelle des horribles boucheries de la Jamaïque, il a bien fallu reconnaître avec tristesse qu'un grand fonds de barbarie native existe encore dans la nature anglaise. La force brutale, considérée isolément comme une espèce d'idéal religieux, a même trouvé récemment parmi les écrivains, les philosophes et les théologiens anglais, de si fervents apôtres que l'ironie publique a donné à leur doctrine le nom de *christianisme musculaire*. En dépit de cette désignation grotesque, la secte nouvelle n'en représente pas moins une fraction importante de la société anglaise ; elle se recrute surtout parmi les jeunes gens forts et courageux dont toute l'œuvre dans la vie consiste à chasser, à boxer, à courir, à développer les muscles de leur torse et de leurs bras. Dans leur amour de la force, ces chrétiens d'un nouveau genre en arrivent souvent à détester les faibles : aussi la plupart d'entre eux ne manquèrent pas, en haine du nègre, de se ranger du côté des planteurs pendant la dernière guerre d'Amérique. Pour se faire une idée de la morale des *chrétiens musculaires*, qu'on lise le roman de *Sword and Gown*, écrit par un des choryphées de la secte. Tous ses héros sont pétris de chair et d'orgueil. Parmi les Français qu'il met en scène, l'auteur abhorre par-dessus tout le paysan que la révolution a rendu propriétaire, et n'admire qu'un vieux gentilhomme tout pourri de vices, mais sachant perdre au jeu sans froncer le sourcil.

Toutefois, si des adorateurs exclusifs de la force physique oublient que l'homme est autre chose qu'un ensemble de muscles servis par une impassible volonté, il n'en est pas moins vrai qu'en somme le progrès moral du peuple anglais est singulièrement accéléré par le soin que prennent les jeunes gens et les hommes faits de se développer en vigueur, en adresse et en courage. C'est vraiment un beau spectacle que celui d'un jeu de *cricket* sur une pelouse ou d'une joute de vitesse entre deux barques de rameurs. Ces beaux hommes à la taille élancée, aux bras nerveux, au costume souple et facile, qui mettent tant de passion à remporter une victoire honorifique et que suivent de leurs regards, de leurs vœux et de leurs encouragements des milliers de spectateurs, ne ressemblent-ils pas à ces héros grecs des jeux olympiques dont la postérité célèbre encore la gloire ? Pour égaler en charme poétique les athlètes hellènes, il leur manque seulement un milieu semblable à celui de l'antiquité grecque ; la beauté du paysage, la pureté du ciel azuré, la splendeur des temples de marbre et des statues aux formes divines ne se reflètent pas sur eux, et par-dessus tout ils n'ont pas ce charme puissant que donne le mirage d'un passé de plus de deux mille années. Néanmoins les jeunes athlètes de l'Angleterre ne le cèdent certainement pas à ceux de la Grèce pour le courage, l'endurance, la force de volonté, la passion qu'ils mettent à leur éducation corporelle. Sous la direction de savants professeurs qui les *entrainent* comme des chevaux de course, ils se soumettent joyeusement à un long régime d'abstinence et de fatigues où tout est calculé pour donner au regard plus de calme, aux muscles plus de force, à la volonté plus d'énergie. Grâce à une pareille éducation, ces hommes apprennent à compter sur eux-mêmes en toute occasion ; ils bravent la maladie, la lassitude et le danger ; ils ne craignent ni le grand air, ni les froidures, ni les chaleurs ; qu'ils restent seuls dans le désert ou sur l'océan, ils n'en gardent pas moins leur inflexible volonté comme une boussole, et tant que leur œuvre n'est pas accomplie, ils ne regrettent ni les parents, ni les amis, ni les grandes cités où la vie est si facile. Ce sont bien là les hommes qu'il faut pour escaler les cimes jadis inaccessibles des Alpes, des Andes ou de l'Himalaya, et conquérir à la géographie les solitudes encore inconnues. On doit seulement leur reprocher le sang-froid brutal avec lequel ils écartent tout ce qui ne vient pas d'eux. Tandis que dans les colonies les *squatters* pourchassent les indigènes comme des bêtes fauves et finissent par en débarrasser le sol, les voyageurs anglais, aussitôt après avoir découvert un nouveau pays, s'empressent de supprimer les noms poétiques donnés par les habitants et les remplacent par les désignations les plus vulgaires ; grâce à eux, la « cataracte de la Fumée-Tonnante » est devenue la « Chute de Victoria, » et le *Perceur du Ciel* » s'appelle *désormais le « mont Cook.* »

Parmi les représentants de l'admirable audace anglo-saxonne, on ne saurait citer de personnage plus remarquable que le professeur Tyndall, un de ces hommes rares chez lesquels l'intelligence, la sagacité, la pénétration du savant, ne nuisent aucunement aux émotions de l'artiste. Après s'être débarrassé par de petites ascensions préliminaires de la « mauvaise graisse » amassée pendant l'hiver dans son laboratoire de Londres, l'intrépide gravisseur ne craint pas de monter seul en manches de chemise à l'escalade du Mont-Rose. « On ne sait pas ce qu'il y a de force dans quatre onces de nourriture, » dit-il en constatant au départ qu'il a pour tout viatique un simple morceau de pain. Une autre fois lui et plusieurs compagnons attachés ensemble par une corde glissent la tête la première sur une pente de neige au-dessous de laquelle s'ouvre brusquement un précipice. Pendant la formidable descente, il calcule avec la plus complète présence d'esprit toutes les chances de vie et de mort, et de concert avec un guide qu'il sent instinctivement travailler avec lui, il emploie si bien son bâton, ses bras, ses jambes, que la grappe d'hommes lancée à toute vitesse s'arrête en fin au bord de l'abîme. Toutefois c'est lorsque M. Tyndall brave les fatigues et le danger pour résoudre un problème de science que son audace et sa persévérance doivent être le plus admirées. Il est beau de le voir en plein hiver se frayer un chemin à travers les neiges qui lui viennent jusqu'à l'épaule et se hasarder au-dessus des crevasses cachées où il court risque de s'engouffrer, afin de pouvoir, du haut d'un observatoire perdu dans la brume ou dans la tourmente de neige, mesurer rigoureusement la marche lente des jalons plantés de distance en distance dans le glacier de Montanvert.

Grâce à ce puissant amour de la nature qui le pousse à tous ces faits d'audace et à ces explorations difficiles, le célèbre professeur, qui sans aucun doute doit chérir sa propre gloire, en est arrivé à placer l'équilibre moral et physique de son être bien au-dessus de sa renommée scientifique. La santé complète de sa personne, c'est-à-dire la joie de vivre en faisant effort de ses muscles et de sa pensée, la tient plus à cœur que l'opinion des contemporains et de la postérité sur la valeur de ses travaux. « Vous savez, écrit-il à un ami, vous savez combien peu de cas je fais de mes recherches scientifiques sur les Alpes. Les glaciers et les monts ont pour moi un intérêt bien supérieur à celui de la science. J'ai trouvé en eux des sources de vie et de joie ; ils m'ont fourni des tableaux et des souvenirs qui ne s'effaceront jamais de ma pensée ; ils ont fait passer dans toutes mes fibres la conscience de ma virilité, et maintenant la raison, l'âme et le corps travaillent de concert chez moi avec une force joyeuse que n'altèrent jamais ni la faiblesse ni l'ennui. La pratique des montagnes a élevé le niveau de mes jouissances et fait rivaliser mon cœur avec le vôtre dans son amour de la nature. Voilà ce que m'ont donné les Alpes ! » Par suite de la délicatesse croissante de sentiments que la connaissance plus intime des phénomènes terrestres a donnée au professeur Tyndall, les moindres détails le frappent et le ravissent de joie. Parmi les physiciens, en est-il beaucoup qui s'attendriraient comme lui devant la beauté d'un flocon de neige sans craindre les sarcasmes doucereux d'un aimable confrère ? En est-il un qui, après avoir décrit les ramifications des fleurs de glace sur les vitres d'une chambre d'auberge, oserait ajouter « que ces productions exquises ne parlent pas seulement à son intelligence, qu'elles réjouissent aussi son cœur et font apparaître des larmes dans ses yeux ? » Et l'homme dont nous citons les paroles, ce n'est pas un poète mélancolique, c'est le savant qui, depuis les premières recherches d'Agassiz, a contribué pour la plus forte part aux progrès de la science des névés et des glaciers.

Cette passion de M. Tyndall pour les monts d'un accès difficile, ses amis de l'*Alpine Club* et bien d'autres Anglais la partagent, et comme lui ne cessent chaque année d'ajouter par leurs ascensions à l'étendue des connaissances humaines dans l'orographie de l'Europe. Du reste, ce n'est pas seulement dans l'exploration des glaciers et des hautes cimes que nombre d'Anglo-Saxons se distinguent parmi les savants des autres nations, c'est aussi dans l'étude de tous les phénomènes physiques de la terre. L'astronome Piazzi-Smith reste pendant des mois entiers avec sa femme et l'équipage d'un yacht à 3,000 et 3,500 mètres de hauteur sur les lianes du pic de Ténériffe pour instituer des expériences sur la pureté de l'atmosphère, pour connaître les plaines supérieures des nuages comme d'autres connaissent celles de la terre, et pour assister au conflit des vents alizés et du contre-courant venu de l'équateur. Plus audacieux encore, M. Glaisher s'élève dans les hauteurs de l'air bien au-dessus de l'altitude correspondant aux cimes les plus élevées de l'Himalaya. Le savant météorologiste et ses compagnons sont décidés à monter aussi longtemps qu'ils pourront garder le sentiment de leur propre existence. L'air, devenu trop rare pour leurs poumons, les force à haleter péniblement, ils ont des battements de cœur, leurs oreilles bourdonnent, le sang gonfle les artères de leurs tempes, leurs doigts se refroidissent et leur refusent le mouvement ; n'importe, la volonté les soutient, ils versent encore du sable hors de leur nacelle et se donnent ainsi un nouvel élan dans l'atmosphère. Un des aéronautes s'évanouit ; mais les autres ne font rien pour arrêter l'ascension, et, les yeux fixés sur leurs instruments, ils notent du regard l'abaissement graduel des colonnes de mercure dans le baromètre et le thermomètre, comme s'ils étaient encore à leur observatoire de Kew. Un deuxième des trois voyageurs héroïques, complètement engourdi par le manque d'air et de chaleur, tombe également sans force, et le ballon monte toujours. Déjà M. Glaisher, graduellement envahi, par la torpeur, a perdu l'usage de ses mains mais il tient entre ses dents la corde de la soupape, et lorsqu'il sent qu'une seconde, une seule, le sépare de la mort, lui et ses compagnons, alors il laisse échapper le gaz, et le ballon dégonflé s'arrête enfin, pour descendre graduellement vers les campagnes situées à 11,000 mètres au-dessous. Quel noble courage de la part de ces hommes risquant la mort avec tant de simplicité d'âme, et cela pour le seul avantage d'étudier la température d'une atmosphère où ni l'homme ni l'oiseau ne peuvent vivre ! Certes ce serait bien rabaisser cette force d'âme et ce calme du savant que de les comparer au courage brutal du soldat se jetant au plus épais de la mêlée furieuse, enivré de poudre, de tapage et de sang !

Tandis que, par le double amour de la nature et de la science, des hommes comme MM. Tyndall et Glaisher gravissent les sommets difficiles ou s'élancent en ballon dans l'espace, des milliers d'autres Anglais, dont la carrière est plus modeste, car un bien petit nombre d'entre eux peuvent espérer de conquérir la gloire, se risquent sur un autre élément pour arracher des naufragés à la mort. Sans doute le sentiment de l'humanité entre pour beaucoup dans le dévouement de ces infatigables rameurs des *life-boats* qui se hasardent sur les lames bouillonnantes au milieu des plus horribles tempêtes, pendant ces effrayantes et sombres nuits où le pilote distingue à peine son équipage, et ne peut même faire entendre sa voix à travers les hurlements de l'air ; mais dans cet admirable sacrifice de leur personne les sauveteurs ne se laissent-ils pas entraîner aussi par l'immense attraction qu'exerce sur eux la beauté de la mer en fureur ? C'est une forte joie bien faite pour tenter de grands cœurs que celle de lutter contre les lames, le vent, l'orage, les ténèbres, et de vaincre tous ces ennemis à force de courage, de présence d'esprit de discipline volontaire et d'héroïque persévérance ! Certes les rudes marins qui pendant les nuits de naufrage s'élancent au secours des navires en perdition sont bien les descendants des anciens rois de la mer, ils aiment la mer sauvage autant que leurs ancêtres, et comme eux ils se rient de la mort ; mais leur ambition est plus haute. Au lieu de mettre leur gloire dans le meurtre et la rapine, ils se sont donné pour mission d'arracher des victimes à la mort, ou même simplement de retrouver leurs cadavres. Qu'étaient ces expéditions consacrées avec tant de persévérance à la recherche de John Franklin et de ses compagnons, sinon des tentatives de sauvetage faites sur une grande échelle ? L'amour de la lutte et du danger coule dans le sang de l'homme ; mais les vrais héros commencent à comprendre que, pour assouvir leur passion de combat, il est plus noble de se mettre aux prises avec les forces de la nature que de chercher à égorger des frères.

Section II

Si, dans la grande œuvre de l'exploration de la nature qui s'accomplit actuellement, les Anglais se distinguent surtout par leur audace, leur joyeuse persévérance, leur mépris du danger, les Allemands savent peut-être apprécier les choses de la terre d'une manière à la fois plus générale et plus intime. Ils ne se sont pas bornés à célébrer la nature sur tous les tons dans leurs poèmes et dans leurs travaux philosophiques, ils l'ont en même temps étudiée avec amour. Kant, le puissant rénovateur de la philosophie moderne, s'occupait aussi de la solution des problèmes relatifs à la terre, et de la même plume qui lui avait servi pour la *Critique de la raison pure*, il écrivit plusieurs ouvrages de géographie physique. Goethe, le tranquille adorateur des forces cachées dans la roche et dans la plante, eut pour contemporains Alexandre de Humboldt, l'infatigable voyageur qui, dans les deux mondes, étudia sur place les mouvements de la vie du globe, et Carl Ritter, l'héroïque savant qui ne recula pas devant la pensée de commencer à lui seul l'encyclopédie des connaissances de l'humanité, sur les contrées et sur les peuples de la terre. Après ces deux hommes, qui furent vraiment des initiateurs, sont venus un grand nombre de voyageurs et de savants qui se sont donné pour mission de parcourir la planète, de l'étudier et de la décrire. L'Allemagne n'ayant pas de colonies et n'envoyant point des légions d'employés sur tous les points du globe comme la Grande-Bretagne, ce n'est ni le patriotisme étroit, ni l'accomplissement d'une mission imposée, c'est vraiment l'amour de la terre qui pousse tant d'explorateurs allemands vers des régions rarement visitées ou complètement inconnues. La liste est déjà bien longue de ceux d'entre eux qui ont succombé en Afrique, en Australie, dans l'intérieur de l'Asie et de l'Amérique, et cependant il se présente sans cesse de nouveaux voyageurs pour reprendre au point d'arrêt les découvertes de leurs devanciers.

Il est vrai d'une manière générale que les Allemands, supérieurs comme interprètes de la nature à leurs rivaux les Anglais, ne les égalent pas en fougue et en intrépidité joyeuse dans l'exploration des montagnes ; mais aussi se laissent-ils moins souvent entraîner par l'enivrement de l'ascension à commettre de ces actes de folle audace qui coûtent chaque année plusieurs vies précieuses : ils ne gravissent pas uniquement les cimes pour le plaisir tout physique de d'escalade, ils montent aussi, soit pour apprendre eux-mêmes, pour enseigner plus tard, et, rendus prudents par la réflexion, ils ne s'aventurent qu'à bon escient sur les escarpements périlleux. Sans remplir le monde du bruit de leurs exploits comme plusieurs gravisseurs anglais dont le seul mérite est de savoir monter à l'assaut des pics les plus redoutables, des géologues et des naturalistes comme Theobald et Vogt ont certainement contribué autant que personne aux progrès de la science des Alpes. Du reste, en Allemagne comme en Angleterre, on commence à bien comprendre de quelle importance capitale pour l'amélioration de l'espèce humaine sont tous les exercices du corps, et de toutes parts se sont fondées des sociétés de gymnastique. Ces institutions excellentes, qui comptent déjà plus de 150,000 membres dans les diverses parties de la confédération, ne rendent pas seulement à la race le service immense de la développer en force, en grâce et en beauté ; elles mettent aussi en relations journalières, et sur le pied d'une libre égalité, des hommes appartenant à toutes les classes, savants, médecins, ingénieurs, commerçants, ouvriers. Elles font pénétrer peu à peu dans la société les mœurs républicaines en donnant à chaque homme, avec plus de force physique, une instruction plus étendue, une compréhension plus large de son droit et de ses devoirs, une plus grande habitude du suffrage et de la discussion. Les associations de gymnastes qui s'organisent successivement dans chaque cité finiront par couvrir tout le pays d'une multitude de groupes fédéralisés dont les concours nationaux sont à la fois des jeux olympiques et de véritables parlements. Ainsi la gymnastique peut être considérée comme l'un des grands éléments de la régénération matérielle, politique et sociale du peuple. Elle ne manquera pas non plus, par son heureuse influence sur l'équilibre physique et moral du citoyen, de corriger ce qu'il y a de vague, de faux et de mystique dans l'amour des Allemands pour la nature.

Quelques déviations qu'il ait subies depuis le commencement de l'ère historique, cet amour a toujours été l'un des traits distinctifs des populations de la Germanie, ainsi que le prouvent les légendes et les chansons recueillies en si grand nombre dans les diverses contrées de l'Allemagne. Les descendants de ces Teutons qui habitaient les forêts profondes n'ont jamais ignoré la beauté de leurs bois de chênes, de hêtres ou de sapins, de leurs fontaines jaillissant discrètement dans l'herbe des prairies ou sous les feuilles mortes, de leurs montagnes arrondies toutes rayées de neige pendant l'hiver. Un des meilleurs témoignages que l'on puisse invoquer pour constater la force du sentiment qui a toujours porté les Allemands vers la nature se trouve dans les noms patronymiques. En France, les appellations ignobles ou du moins vulgaires sont malheureusement très nombreuses. Quant aux noms de famille empruntés à la terre, tels que *Dumont, Dubois, Lafont, Duplan, Durrieu*, ils indiquent simplement le lieu d'habitation ou d'anciens droits de propriété, et ne font aucune allusion à la beauté des campagnes. En revanche, des millions d'Allemands ont reçu des noms gracieux ou superbes témoignant d'un vif sentiment de poésie dans la masse même du peuple. De l'autre côté du Rhin, il est tout simple de s'appeler *Branche-de-Rosier, Ruisseau-des-Frênes, Plage-Fleurie, Chant-des-Oiseaux, Roche-de-Lumière*.

Il faut le dire, les Français, pris en masse, ne comprennent pas toujours aussi bien que leurs voisins du nord et de l'orient les splendeurs de la grande nature. Plus sociables que les Allemands et les Anglais, ils supportent plus difficilement la solitude ou même l'interruption temporaire de leurs relations habituelles. Ils ont besoin, dans le travail et dans les plaisirs, de la routine de chaque jour avec les mêmes camarades ou les mêmes amis ; ils redoutent instinctivement la nature sauvage où l'homme ne trouve d'autres compagnons que les arbres, les rochers et les torrents. La nature que le Français comprend le mieux et qu'il aime le plus à regarder, c'est la campagne doucement ondulée dont les cultures diverses alternent avec grâce jusqu'à l'horizon lointain des plaines. Une rangée de coteaux verdoyants borne le paysage, une petite rivière serpente sous le branchage des aunes et des trembles, des bouquets d'arbres se montrent çà et là entre les prairies et les champs de blé, des maisons blanches aux tuiles rouges brillent au milieu de la verdure. La beauté du site paraît complète lorsqu'une ruine revêtue de vigne sauvage, un moulin construit au travers de la rivière sur des arcades inégales, ajoutent leur profil pittoresque à l'ensemble du tableau. Partout l'homme qui contemple cette scène voit des marques de l'industrie de ses semblables : la nature, façonnée par le travail, s'est humanisée pour ainsi dire, et le spectateur aime à s'y retrouver lui-même dans l'œuvre commune. Il y a loin pourtant de ces régions transformées par la culture aux contrées vierges dont la beauté première reste encore immaculée.

L'idéal de nos ancêtres en fait de paysage se révèle par les sites que princes et seigneurs choisissaient pour la construction de leurs châteaux de plaisance. Un bien petit nombre de ces palais occupent une position d'où l'on puisse contempler un horizon grandiose de montagnes ou de rochers ; on a même remarqué qu'en beaucoup d'endroits, notamment sur les bords du lac de Genève, les maisons de campagne bâties par les riches propriétaires riverains tournaient le dos à ce qui nous semblerait maintenant la partie la plus grandiose de la vue. A cette nature trop puissante et trop sauvage pour qu'on se plût à la regarder, l'homme préférait alors un espace borné où l'imagination s'épandait à son aise, un rideau de collines doucement infléchies, de belles avenues d'arbres touffus, des pelouses et des étangs décorés de statues. On mettait la grâce, et souvent la grâce fausse et maniérée, bien au-dessus de la simplicité grandiose des vastes horizons.

Cependant, à la vue des châteaux-forts pittoresques bâtis sur les roches aiguës, on pourrait être tenté de croire que les seigneurs féodaux du territoire français avaient le sentiment des beautés de la nature sauvage, si l'on ne connaissait trop bien la raison qui portait les barons et les hobereaux à dresser leurs tours sur les hauts escarpements. S'ils habitaient le sommet de ces roches isolées, ce n'était certes point pour jouir de la vue du soleil levant ou pour suivre du regard les méandres des fleuves, c'était pour découvrir des ennemis ou des victimes dans les vallées environnantes. Sans doute ils devaient finir par aimer la retraite solitaire dans laquelle ils s'étaient retranchés : ils avaient vu pour la première fois la lumière du jour à travers les étroites meurtrières du château ; enfants, ils avaient appris, en courant sur les plates-formes des tours et en se penchant aux créneaux des murailles, les noms des fleurs qui s'épanouissent entre les crevasses et ceux des arbres qui croissent au loin sur les pentes des collines ; puis, devenus chasseurs, ils avaient fait connaissance avec les bêtes de la forêt, ils s'étaient accoutumés au vent, à l'orage, à toutes les intempéries, et par une longue habitude avaient fini par comprendre un côté de cette nature au milieu de laquelle ils vivaient. Toutefois, à mesure que dans cette classe de conquérants l'élément germanique se francisait par les croisements et par les mœurs, l'amour de la solitude et de la nature sauvage se perdait chez les chevaliers ; ils se rapprochaient des plaines, s'établissaient dans les villes, et devenaient graduellement princes ou courtisans. C'est en Allemagne, notamment sur les bords du Rhin, du Nectar, de la Moselle, et dans les régions montueuses du Palatinat, de la Souabe, de la Franconie, que se maintint le plus longtemps cette terrible chevalerie de pillards féroces, qui comprenaient la nature à la façon des bêtes fauves, pour y trouver leur tanière et pour y porter leur proie. L'un des plus redoutables de ces chevaliers brigands, le fameux Eberhard ou *Cœur de Sanglier*, dont les ballades d'Uhland nous ont donné un portrait de fantaisie, avait pris pour devise : « ami de Dieu, ennemi de tous les hommes ! » Et pour justifier cette parole il ne manqua pas de pourfendre des centaines de ses semblables. Le château-fort était une aire, et le seigneur lui-même se donnait pour idéal l'aigle et le vautour, ainsi que le prouvent ces étranges figures d'oiseaux de proie qui, en dépit de tous les progrès accomplis dans le monde moderne, sont restés les blasons des familles et des états. La république américaine elle-même a, par une singulière réminiscence féodale, pris l'aigle pour symbole de sa puissance. Quoi qu'il en soit du sentiment qu'éprouvaient pour la nature extérieure les conquérants du sol, il est certain que la masse esclave ne pouvait guère comprendre la beauté de la terre sur laquelle s'écoulait sa misérable vie, et le sentiment qu'elle éprouvait à l'égard des paysages qui l'entouraient devait nécessairement se pervertir. Les amertumes de l'existence étaient alors beaucoup trop vives pour que l'on pût se donner souvent le plaisir d'admirer les nuages, les rochers et les arbres. Ce n'étaient de toutes parts que discordes, haines, frayeurs subites, guerres ou famines. Le caprice et la cruauté du maître étaient la loi des asservis : dans chaque inconnu, on craignait de voir un meurtrier ; les deux noms d'étranger et d'ennemi étaient devenus synonymes. Dans une pareille société, la seule chose que l'homme brave pût essayer de faire pour lutter contre sa destinée et garder en soi-même la conscience de son âme, c'était d'être joyeux et ironique, c'était de se moquer du fort et surtout de son maître, mais il n'avait que faire de s'attendrir en regardant la nature. D'ailleurs elle aussi était dure pour lui ; elle refusait souvent de lui rendre le blé qu'il jetait dans le sillon ; elle lui apportait le froid et les orages, bien qu'il n'eût pas toujours assez de vêtements pour se couvrir ; parfois elle soufflait sur le pays un vent de peste et faisait disparaître des populations entières en quelques semaines. La splendeur des traits de la nature environnante devait rester inconnue à des hommes qui, sous le coup d'une vague terreur soigneusement entretenue par les sorciers de toute espèce, ne cessaient d'apercevoir dans les grottes, dans les chemins creux, dans les gorges des montagnes, dans les bois pleins d'ombre et de silence, des revenants informes et des monstres horribles tenant à la fois de la bête et du démon. Quelle étrange idée devaient se faire de la terre et de sa beauté ces moines du moyen âge qui, dans leurs cartes du monde, ne manquaient jamais de dessiner, à côté des noms de tous les pays lointains, des animaux vomissant le feu, des hommes à sabots de cheval ou à queue de poisson, des griffons à têtes de bélier ou de bœuf, des mandragores volantes, des corps décapités aux larges yeux hagards logés dans la poitrine !

Pour se faire une idée approximative de ce qu'était la société au moyen âge et des sentiments que lui inspirait la nature, il faudrait pénétrer dans les pays reculés où les antiques traditions se sont conservées, où la nuit de l'ignorance garde encore toute son épaisseur. En France, il n'existe certainement plus une seule de ces régions que les idées modernes, sous une forme plus ou moins mélangée d'erreur, n'aient pas encore visitée ; mais, si l'on ne peut y retrouver nulle part le véritable moyen âge, il est du moins bien facile d'en reconnaître les vestiges. Il y a vingt ans, la croyance aux sortilèges, aux diableries, aux prodiges de toute sorte, régnait encore d'une manière absolue sur les. esprits de millions de villageois du centre de la France et de la Bretagne. Pour comprendre l'effroi que la nature causait à nos ancêtres, il n'est pas nécessaire de nous reporter au siècle d'Etienne Marcel et de Charles le Mauvais ; beaucoup d'entre nous n'ont qu'à se rappeler leur propre enfance et la naïve crédulité avec laquelle ils accueillaient toute affirmation propre à satisfaire leur penchant à la peur. Bien nombreux sont ceux d'entre nous qui dans leur jeune âge, pauvres petits êtres tremblants près du foyer, ont entendu de vieilles femmes leur raconter à voix basse de terribles histoires de monstres et de démons. Vers le crépuscule, nous avons vu de hideux spectres faits de vapeurs sortir de la rivière et marcher sans bruit à travers les prairies en avançant vers nous leurs longs bras transparents. Pendant les courses au clair de la lune, nous avons frémi comme la feuille en écoutant le hurlement des loups-garous postés aux carrefours des sentiers. Si, parmi les diverses fantaisies qui surgissent ainsi devant les esprits hallucinés, il en est quelques-unes de gracieuses, elles sont autant que les autres dégagées de tout lien avec la réalité des choses. Récemment j'eus le plaisir de revoir une vieille campagnarde qui m'avait enseigné jadis que, pour aller à Rome, à Saint-Jacques de Compostelle et à Jérusalem, il faut marcher sur les étoiles et suivre la voie lactée. La bonne femme fut bien surprise lorsque à mon tour je voulus lui apprendre que le véritable « chemin de Saint-Jacques » passe à Bordeaux et à Bayonne, et que les étapes des pèlerins ne se trouvent pas sur la rondeur du ciel. Elle ne me démentit point, mais elle hocha silencieusement la tête, et sans aucun doute elle garda sa foi dans le profond de son cœur.

En tenant compte de ce qu'ont toujours eu d'exceptionnel de pareilles conceptions au sujet des choses de la nature, il est facile de comprendre comment l'ignorance, la superstition, la misère, la peur ou l'amour du lucre ont dû obscurcir les esprits et leur voiler, du moins en partie, la beauté de la terre. Les paysans ou exploiteurs bourgeois du sol ne pouvaient guère se figurer la beauté des campagnes à un autre point de vue qu'à celui de l'utile, et la littérature, interprète naturelle de la pensée du peuple, ne pouvait de son côté que traduire, en l'idéalisant, cette manière de voir.

Pendant des siècles, les écrivains français se sont complètement abstenus de célébrer autre chose que l'homme et la société, ou bien, quand ils ont parlé de la nature, ce n'était que pour chanter « les frais ombrages, les prés fleuris, les moissons jaunissantes. » Encore était-ce en général par suite de quelque réminiscence classique, et sans doute ils n'auraient pas osé chanter la nature, si Virgile ne l'avait célébrée avant eux. Bien souvent, dans leurs guerres si nombreuses en Espagne et en Italie, des armées françaises ont franchi les Pyrénées et les Alpes, et cependant elles semblent n'avoir rien vu de la singulière beauté de ces régions où les voyageurs affluent maintenant des quatre coins du monde : elles n'ont été frappées que de la raideur des escarpements et de la difficulté des sentiers. Après avoir parcouru les charmants pâturages du col de l'Argentière, après avoir vu les superbes cimes du Chambeyron, du Grand-Rubren, du Mont-Viso, François Ier ne trouvait d'autre mot pour qualifier les Alpes que celui « d'étrange pays, » et réservait toute son admiration pour les belles plaines si convoitées du Piémont et du Milanais. De même la plupart des *conquistadores* espagnols et portugais, ces hommes si grands par leur audace, si atroces par leur cruauté, semblent ne pas avoir vu cette admirable nature du Nouveau-Monde, au milieu de laquelle ils se trouvaient transportés comme par magie. Les hautes montagnes, les forêts vierges, la mer bleue et transparente, tout cela était un rêve pour eux ; leurs yeux avides ne cherchaient que les veines d'or à travers l'épaisseur des roches et du sol.

Dans les temps modernes, Rousseau, né lui-même au pied des Alpes, fut le premier révélateur des joies qu'on éprouve au milieu de la nature sauvage, en vue des grands lacs, des forêts libres et de la magnifique perspective des horizons de montagnes. Et pourtant, en dépit de son amour si profond et si sincère pour la solitude, en dépit de la misanthropie qui lui faisait prendre en aversion jusqu'aux traces mêmes de l'homme, Rousseau ne se hasarda point dans les hautes vallées, sur les couloirs de neige ou sur les champs de glace ; il se contenta de parcourir et d'admirer les paysages de la base des monts où les demeures et les cultures attestent le travail et le séjour du laboureur. Quant à Chateaubriand, ce grand artiste qui a su pourtant peindre avec largeur quelques vues de la mer et des fleuves puissants du Nouveau-Monde, il trouva les Alpes trop hautes pour lui, et refusa nettement la beauté à « ces lourdes masses, » qui ne lui semblaient « pas en harmonie avec les facultés de l'homme et la faiblesse de ses organes. » Il affirme que « cette grandeur des montagnes, dont on a fait tant de bruit, n'est réelle que par la fatigue du voyageur ; » partout où la masse des pics trop rapprochée emplit le champ de la vue et ne forme pas un simple décor à l'horizon, il trouve les monts « hideux. »

De nos jours, il ne se trouverait sans doute guère d'hommes assez hardis pour soutenir les mêmes propositions que Chateaubriand et confesser aussi nettement leur impuissance à comprendre la nature sous l'un de ses plus grands aspects. L'éducation collective dont jouissent tous les peuples civilisés par suite de leur contact incessant les uns avec les autres et des emprunts qu'ils se font constamment dans les arts, les sciences et les mœurs, ne permet plus à personne d'ignorer la beauté des âpres défilés, des aiguilles de rochers, des pentes de glace ou de neige ; mais il est certain qu'en dépit des progrès accomplis successivement dans la compréhension de la nature, les Français ont moins contribué que leurs voisins à l'étude de leurs propres massifs de montagnes, de même qu'à l'œuvre plus générale de l'exploration du globe. Cette infériorité n'offre d'ailleurs rien d'absolu, et ne doit point être érigée en règle. Le nombre de ceux qui s'affranchissent de la routine journalière pour aller contempler la nature libre, soit dans les contrées lointaines, soit dans les limites mêmes de la patrie, augmente rapidement et ne peut manquer de s'accroître encore, grâce aux facilités de plus en plus grandes qu'offrent les voyages. Nul doute que si dans les collèges les enfants n'avaient pas à subir cette rude discipline qui a trop souvent pour résultat d'émousser toute individualité, et si l'état militaire ne venait pas ensuite, avec sa discipline plus terrible encore, prendre par centaines de mille et réduire à l'obéissance passive les jeunes gens les plus forts et les plus aventureux, les populations françaises rempliraient dans l'histoire des voyages et des découvertes le grand rôle auquel les destinait l'admirable position de leur domaine, situé à l'extrémité occidentale de l'Europe, entre la Méditerranée et l'Océan, entre les Alpes et les Pyrénées.

Le sentiment de la nature, comme le goût des arts, se développe par l'éducation. Le paysan, qui vit au milieu de la campagne et jouit en liberté de la vue des espaces verdoyants, aime sans doute instinctivement cette terre qu'il cultive, mais il n'a pas conscience de son amour et ne voit dans le sol que les richesses dormantes sollicitées par la culture. Le montagnard lui-même ignore le plus souvent la beauté de la vallée qu'il habite et des escarpements qui l'entourent : il réserve toute son admiration pour les *terrains* unis des plaines, où l'on peut sans fatigue et sans danger marcher dans toutes les directions, où le fer de la charrue s'enfonce partout à une grande profondeur dans le sol fertile ; ce n'est qu'après s'être éloigné de ses montagnes et avoir parcouru la terre étrangère que l'amour du pays se réveille en son âme, et qu'il commence à comprendre par la nostalgie la splendeur grandiose des horizons regrettés. Toutefois, si l'éducation peut faire apprécier la nature à ceux qui n'en comprenaient pas encore le charme profond, elle peut aussi, lorsqu'elle est faussée, dépraver le goût et donner du beau des idées monstrueuses ou ridicules. C'est ainsi que les Chinois, ce peuple vieillot qui se rajeunit maintenant au prix des plus sanglantes révolutions, en sont arrivés, dans leur mesquin amour du baroque et du symétrique, jusqu'à réprimer la sève dans les troncs afin de créer des variétés naines et de donner aux arbres des formes de géométrie ou la bizarre apparence de monstres et de démons. De même nombre de principicules allemands, dépravés par une lamentable manie de sentimentalité, ont gâté les plus charmants paysages en gravant de pédantesques inscriptions sur les rochers, en décorant les pelouses de tombeaux de fantaisie, en faisant monter la garde à leurs soldats devant les points de vue qu'ils veulent signaler aux visiteurs. Il faut que l'amant de la libre nature ait un goût d'une rare délicatesse pour qu'il puisse toucher à la terre sans en détruire la grâce, ou même en lui donnant une plus grande harmonie de lignes et de couleurs. Et pourtant c'est là le résultat qu'il est indispensable d'atteindre pour que les sociétés puissent avancer en civilisation d'une manière normale et que chacun de leurs progrès ne soit pas acquis aux dépens de la terre qui leur sert de demeure. Désormais, grâce aux voyages, c'est la planète elle-même qui ennoblira le goût de ses habitants et leur donnera la compréhension de ce qui est vraiment beau. Ceux qui parcourent les Pyrénées, les Alpes, l'Himalaya ou seulement les hautes falaises du bord de l'Océan, ceux qui visitent les forêts vierges ou contemplent les cratères volcaniques apprennent, à la vue de ces tableaux grandioses, à saisir la véritable beauté des paysages moins frappants et à n'y toucher qu'avec respect lorsqu'ils ont le pouvoir de les modifier.

Section III

Il importe d'autant plus que le sentiment de la nature se développe et s'épure que la multitude des hommes exilés des campagnes par la force même des choses augmente de jour en jour. Depuis longtemps déjà les pessimistes s'effraient de l'incessant accroissement des grandes cités, et pourtant ils ne se rendent pas toujours bien compte de la progression rapide avec laquelle pourra s'opérer désormais le déplacement des populations vers les centres privilégiés.

Il est vrai, les monstrueuses Babylones d'autrefois avaient aussi réuni dans leurs murs des centaines de mille ou même des millions d'habitants : les intérêts naturels du commerce, la centralisation despotique de tous les pouvoirs, la grande curée des faveurs, l'amour des plaisirs, avaient donné à ces puissantes cités la population de provinces entières ; mais, les communications étant alors beaucoup plus lentes qu'elles ne le sont aujourd'hui, les crues d'un fleuve, les intempéries, le retard d'une caravane, l'irruption d'une armée ennemie, le soulèvement d'une tribu, suffisaient parfois pour retarder ou pour arrêter les approvisionnements, et la grande cité se trouvait sans cesse, au milieu de toutes ses splendeurs, exposée à mourir de faim. D'ailleurs, pendant ces âges d'impitoyables guerres, ces vastes capitales finissaient toujours par devenir le théâtre de quelque immense tuerie, et parfois la destruction était si complète que la ruine d'une ville était en même temps la fin d'un peuple. Récemment encore on a pu voir, par l'exemple de quelques-unes des cités de la Chine, quel sort était réservé aux grandes agglomérations d'hommes sous l'empire des anciennes civilisations. La puissante ville de Nanking est devenue un monceau de décombres, tandis qu'Ouchang, qui parait avoir été, il y a une quinzaine d'années, la cité la plus populeuse du monde entier, a perdu plus des trois quarts de ses habitants.

Aux causes qui faisaient affluer jadis les populations vers les grandes villes et qui n'ont pas cessé d'exister, il faut ajouter d'autres causes, non moins puissantes, qui se rattachent à l'ensemble des progrès modernes. Les voies de communication, canaux, routes ordinaires et chemins de fer, rayonnent en nombre de plus en plus considérable vers les centres importants et les entourent d'un réseau de mailles incessamment rapprochées. Les déplacements s'opèrent de nos jours avec tant de facilité que du matin au soir les voies ferrées peuvent jeter 500,000 personnes sur le pavé de Londres ou de Paris, et qu'en prévision d'une simple fête, d'un mariage, d'un enterrement, de la visite d'un personnage quelconque, des millions d'hommes ont parfois gonflé la population flottante d'une capitale. Quant au transport des approvisionnements, il peut s'opérer avec la même facilité que celui des voyageurs. De toutes les campagnes environnantes, de toutes les extrémités du pays, de toutes les parties du monde, les denrées affluent par terre et par eau vers ces estomacs énormes qui ne cessent d'absorber et d'absorber encore. Au besoin, si les appétits de Londres l'exigeaient, elle pourrait en moins d'une année se faire apporter plus de la moitié des productions de la terre.

Certes c'est là un immense avantage que n'avaient pas les grandes villes de l'antiquité, et cependant la révolution que les chemins de fer et les autres moyens de communication ont introduite dans les mœurs est à peine commencée. Qu'est-ce vraiment qu'une moyenne de deux ou trois voyages par an pour chacun des habitants de la France, alors surtout qu'une simple excursion d'un quart d'heure faite dans la banlieue de Paris ou de telle autre grande ville est considérée comme un voyage par la statistique ? Il est certain que chaque année les multitudes qui se déplacent s'accroîtront dans des proportions énormes, et probablement toutes les prévisions seront dépassées sous ce rapport, comme elles l'ont été depuis le commencement du siècle ; C'est ainsi que, pour la seule ville de Londres, le mouvement des voyageurs est actuellement aussi fort en une seule semaine que vers 1830 il l'était dans toute l'année pour la Grande-Bretagne entière. Grâce aux chemins de fer, les contrées se rapetissent sans cesse, et l'on peut même établir mathématiquement dans quelle proportion s'opère cet amoindrissement du territoire, puisqu'il suffit pour cela de comparer la vitesse des locomotives à celle des diligences et des pataches qu'elles ont remplacées. L'homme, de son côté, se détache du sol natal avec une facilité de plus en plus grande ; il se fait nomade, non pas à la façon des anciens pasteurs, qui suivaient toujours les sentiers accoutumés et ne manquaient jamais de retourner périodiquement aux mêmes pâturages avec leurs troupeaux, mais d'une manière beaucoup plus complète, puisqu'il se dirige indistinctement vers l'un ou l'autre point de l'horizon, partout où le pousse l'intérêt ou le bon plaisir : un bien petit nombre de ces expatriés volontaires reviennent mourir au pays natal. Cette migration des peuples incessamment croissante s'opère maintenant par millions et par millions, et c'est précisément vers les fourmilières humaines les plus populeuses que se dirige la grande multitude des émigrans. Les terribles invasions des guerriers franks dans la Gaule romaine n'avaient peut-être pas, au point de vue ethnologique, autant d'importance que ces immigrations silencieuses des balayeurs du Luxembourg et du Palatinat qui viennent gonfler chaque année la population de Paris.

Pour se faire une idée de ce que pourront devenir un jour les grandes cités commerciales du monde, si d'autres causes agissant en sens inverse ne doivent pas tôt ou tard équilibrer les causes d'accroissement, il suffit de voir quelle énorme importance prennent les villes dans les colonies modernes relativement aux villages et aux maisons isolées. Dans ces contrées, les populations, débarrassées des liens de l'habitude et libres de se grouper à leur guise, sans autre mobile que leur volonté propre, s'entassent presque en entier dans les villes. Même dans les colonies spécialement agricoles, telles que les jeunes états américains du *Far-West*, les régions de La Plata, le *Queen's-Land* d'Australie, l'île septentrionale de la Nouvelle-Zélande, le nombre des citadins l'emporte de beaucoup sur celui des campagnards : en moyenne, il est au moins trois fois supérieur, et ne cesse de s'accroître à mesure que le commerce et l'industrie se développent. Dans les colonies comme Victoria et la Californie, où des causes spéciales, telles que les mines d'or et de grands avantages commerciaux, attirent des multitudes de spéculateurs, l'agglomération des habitants dans les villes est encore beaucoup plus considérable. Si Paris était relativement à la France ce que San-Francisco est à la Californie, ce que Melbourne est à l'Australie-Heureuse, la « grand'ville, » vraiment digne alors de son nom, n'aurait pas moins de 9 à 10 millions d'âmes. Évidemment c'est dans tous ces nouveaux pays où l'homme civilisé vient seulement de prendre pied qu'il faut chercher l'idéal extérieur de la société du XIXe siècle, puisque nul obstacle n'empêchait les nouveau-venus de s'y distribuer par petits groupes sur toute la surface de la contrée, et qu'ils ont préféré se réunir en de vastes cités. L'exemple de la Hongrie ou de la Russie opposé à celui de la Californie ou de telle autre colonie moderne peut servir à montrer quel laps de siècles sépare les pays dont les populations sont encore distribuées comme au moyen âge, et ceux où les phénomènes d'affinité sociale développés par la civilisation moderne ont un libre jeu. Dans les plaines de la Russie, dans la *puszta* hongroise, il n'y a guère de cités proprement dites, il y a seulement des villages plus ou moins vastes ; les capitales sont des centres administratifs, des créations artificielles dont les habitants se seraient bien passés, et qui perdraient aussitôt une notable partie de leur importance, si le gouvernement n'y entretenait une vie factice aux dépens du reste de la nation. Dans ces pays, la population qui travaille se compose d'agriculteurs, et les villes n'existent que pour les employés et les hommes de loisir. En Australie, en Californie, au contraire, la campagne n'est jamais qu'une banlieue, et les paysans eux-mêmes, bergers et cultivateurs, ont l'esprit tourné vers la cité : ce sont des spéculateurs qui dans l'intérêt de leurs affaires se sont momentanément éloignés du grand centre commercial, mais qui ne manqueront pas d'y revenir. Tôt ou tard, on ne saurait en douter, les paysans russes, aujourd'hui si bien enracinés dans le sol natal, apprendront à se détacher de la glèbe, à laquelle hier encore ils étaient asservis ; comme les Anglais, comme les Australiens, ils deviendront nomades et se porteront vers les grandes villes où les appelleront le commerce et l'industrie, où les poussera leur propre ambition de voir, de connaître, ou d'améliorer leur condition.

Les plaintes de ceux qui gémissent de la dépopulation des campagnes ne peuvent donc arrêter le mouvement ; rien n'y fera, toutes les clameurs sont inutiles. Devenu, grâce à une plus grande aisance et au bon marché relatif des voyages, possesseur de cette liberté primordiale « d'aller et de venir, » de laquelle pourraient à la longue découler toutes les autres, le cultivateur non propriétaire obéit à une impulsion bien naturelle lorsqu'il prend le chemin de la cité populeuse dont on lui conte tant de merveilles. Triste et joyeux tout à la fois, il dit adieu à la masure natale pour aller contempler les miracles de l'industrie et de l'architecture ; il renonce au salaire régulier sur lequel il pouvait compter pour le travail de ses bras, mais peut-être aussi parviendra-t-il à l'aisance ou à la fortune comme tant d'autres enfants de son village, et s'il revient un jour au pays, ce sera pour se faire bâtir un château à la place de la sordide demeure où il est né. Bien peu nombreux sont les émigrants qui peuvent réaliser leurs rêves de fortune, il en est beaucoup qui trouvent la pauvreté, la maladie, une mort prématurée dans les grandes villes ; mais du moins ceux qui vivent ont pu élargir le cercle de leurs idées, ils ont vu des contrées différentes les unes des autres, ils se sont formés au contact d'autres hommes, ils sont devenus plus intelligents, plus instruits, et tous ces progrès individuels constituent pour la société tout entière un avantage inestimable.

On sait avec quelle rapidité s'accomplit en France ce phénomène de l'émigration des campagnards vers Paris, Lyon, Toulouse et les grands ports de mer. Tous les accroissements de la population se font au profit des centres d'attraction, et la plupart des petites villes et des villages restent stationnaires ou même déclinent quant au nombre des habitants. Plus de la moitié des départements sont de moins en moins peuplés, et l'on peut en citer un, celui des Basses-Alpes, qui depuis le moyen âge a certainement perdu un bon tiers de ses habitants. Si l'on tenait aussi compte des voyages et des émigrations temporaires, qui ont pour résultat d'accroître nécessairement la population flottante des grandes villes, les résultats seraient bien plus frappants encore. Dans les Pyrénées de l'Ariège, il est certains villages que tous les habitants, hommes et femmes, abandonnent complètement pendant l'hiver pour descendre dans les cités de la plaine. Enfin la plupart des Français qui s'occupent d'opérations commerciales ou qui vivent de leurs revenus, sans compter des multitudes de paysans et d'ouvriers, ne manquent pas de visiter Paris et les principales cités de la France, et le temps est bien loin où, dans les provinces reculées, on désignait un ouvrier voyageur par le nom de la grande ville qu'il avait habitée. En Angleterre et en Allemagne s'accomplissent les mêmes phénomènes sociaux. Bien que dans ces deux contrées l'excédent des naissances sur les morts soit beaucoup plus considérable qu'en France, cependant là aussi des pays agricoles, tels que le duché de Hesse-Cassel et le comté de Cambridge, se dépeuplent au profit des grandes cités. Même dans l'Amérique du Nord, où la population s'accroît avec une si étonnante rapidité, un grand nombre de districts agricoles de la Nouvelle-Angleterre ont perdu une forte proportion de leurs habitants par suite d'une double émigration, d'un côté vers les régions du *Far-West*, de l'autre vers les villes commerciales de la côte, Portland, Boston, New-York. Et cependant c'est un fait bien connu que l'air des cités est chargé de principes de mort. Quoique les statistiques officielles n'offrent pas toujours à cet égard la sincérité désirable, il n'en est pas moins certain que dans tous les pays d'Europe et d'Amérique la vie moyenne des campagnards dépasse de plusieurs années celle des citadins, et les immigrants, en quittant le champ natal pour la rue étroite et nauséabonde d'une grande ville, pourraient calculer d'avance d'une manière approximative de combien de temps ils abrègent leur vie suivant les règles de probabilité. Non-seulement le nouveau-venu souffre dans sa propre personne et s'expose à une mort anticipée, mais il condamne également sa descendance. On n'ignore pas que dans les grandes cités, comme Londres et Paris, la force vitale s'épuise rapidement, et que nulle famille bourgeoise ne s'y continue au-delà de la troisième ou tout au plus de la quatrième génération. Si l'individu peut résister à l'influence mortelle du milieu qui l'entoure, la famille du moins finit par succomber, et sans de continuelles immigrations de provinciaux et d'étrangers qui marchent gaîment à la mort, les capitales ne pourraient recruter leur énorme population. Les traits du citadin s'affinent, mais le corps faiblit et les sources de la vie tarissent. De même, au point de vue intellectuel, toutes les facultés brillantes que développe la vie sociale sont d'abord surexcitées, mais la pensée perd graduellement de sa force ; elle se lasse, puis enfin s'affaisse avant le temps. Certes le gamin de Paris, comparé au jeune rustre des campagnes, est un être plein de vivacité et d'entrain ; mais n'est-il pas le frère de ce « pâle voyou » que l'on peut comparer au physique et au moral à ces plantes maladives végétant dans les caves au milieu des ténèbres ? Enfin c'est dans les villes, surtout dans celles qui sont le plus célèbres par leur opulence et leur civilisation, que se trouvent certainement les plus dégradés de tous les hommes, pauvres êtres sans espérance que la saleté, la faim, l'ignorance brutale, le mépris de tous, ont mis bien au-dessous de l'heureux sauvage parcourant en liberté les forêts et les montagnes. C'est à côté de la plus grande splendeur qu'il faut chercher l'abjection la plus infime ; non loin de ces musées où se montre dans toute sa gloire la beauté du corps humain, des enfants rachitiques se réchauffent à l'atmosphère impure exhalée de la bouche des égouts.

Si la vapeur apporte dans les villes des foules incessamment grandissantes, d'un autre côté elle remporte dans les campagnes un nombre de plus en plus considérable de citadins qui vont pour un temps respirer la libre atmosphère et se rafraîchir la pensée à la vue des fleurs et de la verdure. Les riches, maîtres de se créer des loisirs à leur gré, peuvent échapper aux occupations ou aux fatigants plaisirs de la ville pendant des mois entiers. Il en est même qui résident à la campagne, et ne font dans leurs maisons des grandes cités que des apparitions fugitives. Quant aux travailleurs de toute espèce qui ne peuvent s'éloigner pour longtemps à cause des exigences de la vie journalière, la plupart d'entre eux n'en arrachent pas moins à leurs occupations le répit nécessaire pour aller visiter les champs. Les plus favorisés se donnent des semaines de congé qu'ils vont passer loin de la capitale, dans les montagnes ou sur le bord de la mer. Ceux qui sont le plus asservis par leur travail se bornent à fuir de temps en temps pendant quelques heures l'étroit horizon des rues accoutumées, et l'on sait s'ils profitent avec bonheur de leurs jours de fête quand la température est douce et que le ciel est pur : alors chaque arbre des bois voisins des grandes villes abrite une famille joyeuse. Une proportion considérable des négociants et des employés, surtout en Angleterre et en Amérique, installent bravement femmes et enfants à la campagne et se condamnent eux-mêmes à faire deux fois par jour le trajet qui sépare le comptoir du foyer domestique. Grâce à la rapidité des communications, des millions d'hommes peuvent cumuler ainsi les deux qualités de citadin et de campagnard, et chaque année le nombre des personnes qui font ainsi deux moitiés de leur vie ne cesse de s'accroître. Autour de Londres, c'est par centaines de mille que l'on doit compter ceux qui plongent tous les matins dans le tourbillon d'affaires de la grande ville et qui retournent tous les soirs dans leur paisible *home* de la banlieue verdoyante. La Cité, le vrai centre du monde commercial, se dépeuple de résidents ; le jour, c'est la ruche humaine la plus active ; la nuit, c'est un désert.

Malheureusement ce reflux des villes vers l'extérieur ne s'opère pas sans enlaidir les campagnes : non-seulement les détritus de toute espèce encombrent l'espace intermédiaire compris entre les cités et les champs ; mais, chose plus grave encore, la spéculation s'empare de tous les sites charmants du voisinage, elle les divise en lots rectangulaires, les enclôt de murailles uniformes, puis y construit par centaines et par milliers des maisonnettes prétentieuses. Pour les promeneurs errant par les chemins boueux dans ces prétendues campagnes, la nature n'est représentée que par les arbustes taillés et les massifs de fleurs qu'on entrevoit à travers les grilles. Sur le bord de la mer, les falaises les plus pittoresques, les plages les plus charmantes sont aussi en maints endroits accaparées soit par des propriétaires jaloux, soit par des spéculateurs qui apprécient les beautés de la nature à la manière des changeurs évaluant un lingot d'or. Dans les régions de montagnes fréquemment visitées, la même rage d'appropriation s'empare des habitants : les paysages sont découpés en carrés et vendus au plus fort enchérisseur ; chaque curiosité naturelle, le rocher, la grotte, la cascade, la fente d'un glacier, tout, jusqu'au bruit de l'écho, peut devenir propriété particulière. Des entrepreneurs afferment les cataractes, les entourent de barrières en planches, pour empêcher les voyageurs non-payants de contempler le tumulte des eaux, puis, à force de *réclames*, transforment en beaux écus sonnants la lumière qui se joue dans les gouttelettes, brisées et le souffle du vent qui déploie dans l'espace des écharpes de vapeurs.

Puisque la nature est profanée par tant de spéculateurs précisément à cause de sa beauté, il n'est pas étonnant que dans leurs travaux d'exploitation les agriculteurs et les industriels négligent de se demander s'ils ne contribuent pas à l'enlaidissement de la terre. Il est certain que le « dur laboureur » se soucie fort peu du charme des campagnes et de l'harmonie des paysages, pourvu que le sol produise des récoltes abondantes ; promenant sa cognée au hasard dans les bosquets, il abat les arbres qui le gênent, mutile indignement les autres et leur donne l'aspect de pieux ou de balais. De vastes contrées qui jadis étaient belles à voir et qu'on aimait à parcourir sont entièrement déshonorées, et l'on éprouve un sentiment de véritable répugnance à les regarder. D'ailleurs il arrive souvent que l'agriculteur, pauvre en science comme en amour de la nature, se trompe dans ses calculs et cause sa propre ruine par les modifications qu'il introduit sans le savoir dans les climats. De même il importe peu à l'industriel, exploitant sa mine ou sa manufacture en pleine campagne, de noircir l'atmosphère des fumées de la houille et de la vicier par des vapeurs pestilentielles. Sans parler de l'Angleterre, il existe dans l'Europe occidentale un grand nombre de vallées manufacturières dont l'air épais est presque irrespirable pour les étrangers ; les maisons y sont enfumées, les feuilles mêmes des arbres y sont revêtues de suie, et quand on regarde le soleil, c'est à travers une brume épaisse que se montre presque toujours sa face jaunie. Quant à l'ingénieur, ses ponts et ses viaducs sont toujours les mêmes, dans la plaine la plus unie ou dans les gorges des montagnes les plus abruptes ; il se préoccupe, non de mettre ses constructions en harmonie avec le paysage, mais uniquement d'équilibrer la poussée et la résistance des matériaux.

Certainement il faut que l'homme s'empare de la surface de la terre et sache en utiliser les forces ; cependant on ne peut s'empêcher de regretter la brutalité avec laquelle s'accomplit cette prise de possession. Aussi, quand le géologue Marcou nous apprend que la chute américaine du Niagara a sensiblement décru en abondance et perdu de sa beauté depuis qu'on l'a saignée pour mettre en mouvement les usines de ses bords, nous pensons avec tristesse à l'époque, encore bien rapprochée de nous, où le « tonnerre des eaux, » inconnu de l'homme civilisé, s'écroulait librement du haut de ses falaises, entre deux parois de rochers toutes chargées de grands arbres. De même on se demande si les vastes prairies et les libres forêts où par les yeux de l'imagination nous voyons encore les nobles figures de Chingashcooh et de Bas-de-Cuir n'auraient pu être remplacées autrement que par des champs, tous d'égale contenance, tous orientés vers les quatre points cardinaux, conformément au cadastre, tous entourés régulièrement de barrières de la même hauteur. La nature sauvage est si belle :

est-il donc nécessaire que l'homme, en s'en emparant, procède géométriquement à l'exploitation de chaque nouveau domaine conquis et marque sa prise de possession par des constructions vulgaires et des limites de propriété tirées au cordeau ? S'il en était ainsi, les harmonieux contrastes qui sont une des beautés de la terre feraient bientôt place à une désolante uniformité, car la société, qui s'accroît chaque année d'au moins une dizaine de millions d'hommes, et qui dispose par la science et l'industrie d'une force croissant dans de prodigieuses proportions, marche rapidement à la conquête de toute la surface planétaire ; le jour est proche 'où il ne restera plus une seule région des continents qui n'ait été visitée par le pionnier civilisé, et tôt ou tard le travail humain se sera exercé sur tous les points du globe. Heureusement le beau et l'utile peuvent s'allier de la manière la plus complète, et c'est précisément dans les pays où l'industrie agricole est le plus avancée, en Angleterre, en Lombardie, dans certaines parties de la Suisse, que les exploiteurs du sol savent lui faire rendre les plus larges produits tout en respectant le charme des paysages, ou même en ajoutant avec art à leur beauté. Les marais et les bouées des Flandres transformés par le drainage en campagnes d'une exubérante fertilité, la Crau pierreuse se changeant, grâce aux canaux d'irrigation, en une prairie magnifique, les flancs rocheux des Apennins et des Alpins maritimes se cachant du sommet à la base sous le feuillage des oliviers, les tourbières rougeâtres de l'Irlande remplacées par des forêts de mélèzes, de cèdres, de sapins argentés, ne sont-ce pas là d'admirables exemples de ce pouvoir qu'a l'agriculteur d'exploiter la terre à son profit tout en la rendant plus belle ?

La question de savoir ce qui dans l'œuvre de l'homme sert à embellir ou bien contribue à dégrader la nature extérieure peut sembler futile à des esprits soi-disant positifs : elle n'en a pas moins une importance de premier ordre. Les développements de l'humanité se lient de la manière la plus intime avec la nature environnante. Une harmonie secrète s'établit entre la terre et les peuples qu'elle nourrit, et quand les sociétés imprudentes se permettent de porter la main sur ce qui fait la beauté de leur domaine, elles finissent toujours par s'en repentir. Là où le sol s'est enlaidi, là où toute poésie a disparu du paysage, les imaginations s'éteignent, les esprits s'appauvrissent, la routine et la servilité s'emparent des âmes et les disposent à la torpeur et à la mort. Parmi les causes qui dans l'histoire de l'humanité ont déjà fait disparaître tant de civilisations successives, il faudrait compter en première ligne la brutale violence avec laquelle la plupart des nations traitaient la terre nourricière. Ils abattaient les forêts, fasaient tarir les sources et déborder les fleuves, détérioraient les climats, entouraient les cités de zones marécageuses et pestilentielles ; puis, quand la nature, profanée par eux, leur était devenue hostile, ils la prenaient en haine, et, ne pouvant se retremper comme le sauvage dans la vie des forêts, ils se laissaient de plus en plus abrutir par le despotisme des prêtres et des rois. « Les grands domaines ont perdu l'Italie, » a dit Pline ; mais il faut ajouter que ces grands domaines, cultivés par des mains esclaves, avaient enlaidi le sol comme une lèpre. Les historiens, frappés de l'étonnante décadence de l'Espagne depuis Charles-Quint ont cherché à l'expliquer de diverses manières. D'après les uns, la cause principale de cette ruine de la nation fut la découverte de l'or d'Amérique ; suivant d'autres, ce fut la terreur religieuse organisée par la « sainte fraternité » de l'inquisition, l'expulsion des Juifs et des Maures, les sanglants *auto-da-fé* des hérétiques. On a également accusé de la chute de l'Espagne l'inique impôt de l'*alcabala* et la centralisation despotique à la française ; mais l'espèce de fureur avec laquelle les Espagnols ont abattu les arbres de peur des oiseaux, « *por miedo de los pajaritos*, » n'est-elle donc pour rien dans cette terrible décadence ? La terre, jaune, pierreuse et nue, a pris un aspect repoussant et formidable, le sol s'est appauvri, la population, diminuant pendant deux siècles, est retombée partiellement dans la barbarie. Les petits oiseaux se sont vengés.

C'est donc avec joie qu'il nous faut saluer maintenant cette passion généreuse qui porte tant d'hommes, et, dirons-nous, les meilleurs à parcourir les forêts vierges, les plages marines, les gorges des montagnes, à visiter la nature dans toutes les régions du globe où elle a gardé sa beauté première. On sent que, sous peine d'amoindrissement intellectuel et moral, il faut contre-balancer à tout prix par la vue des grandes scènes de la terre la vulgarité de tant de choses laides et médiocres où les esprits étroits voient le témoignage de la civilisation moderne. Il faut que l'étude directe de la nature et la contemplation de ses phénomènes deviennent pour tout homme complet un des éléments primordiaux de l'éducation ; il faut aussi développer dans chaque individu l'adresse et la force musculaires, afin qu'il escalade les cimes avec joie, regarde sans crainte les abîmes, et garde dans tout son être physique cet équilibre naturel des forces sans lequel on n'aperçoit jamais les plus beaux sites qu'à travers un voile de tristesse et de mélancolie. L'homme moderne doit unir en sa personne toutes les vertus de ceux qui l'ont précédé sur la terre : sans rien abdiquer des immenses privilèges que lui a conférés la civilisation, il ne doit rien perdre non plus de sa force antique, et ne se laisser dépasser par aucun sauvage en vigueur, en adresse ou en connaissance des phénomènes de la nature. Dans les beaux temps des républiques grecques, les Hellènes ne se proposaient rien moins que de faire de leurs enfants des héros par la grâce, la force et le courage : c'est également en éveillant dans les jeunes générations toutes les qualités viriles, c'est en les ramenant vers la nature et en les mettant aux prises avec elle que les sociétés modernes peuvent s'assurer contre toute décadence par la régénération de la race elle-même.

Rumford l'a dit depuis longtemps, « on trouve toujours dans la nature plus qu'on n'y a cherché, » Que le savant examine les nuages ou les pierres, les plantes ou les insectes, ou bien encore qu'il étudie les lois générales du globe, il découvre toujours et partout des merveilles imprévues ; l'artiste, en quête de beaux paysages, a les yeux et l'esprit en fête perpétuelle ; l'industriel qui cherche à mettre en œuvre les produits de la terre ne cesse de voir autour de lui des richesses non encore utilisées. Quant à l'homme simple qui se contente d'aimer la nature pour elle-même, il y trouve sa joie, et quand il est malheureux, ses peines sont du moins adoucies par le spectacle des libres campagnes. Certes les proscrits ou bien ces pauvres déclassés qui vivent comme les bannis sur le sol de la patrie ne cessent point de sentir, même dans le site le plus charmant, qu'ils sont isolés, inconnus, sans amis, et la plaie du désespoir les ronge toujours. Cependant eux aussi finissent par ressentir la douce influence du milieu qui les entoure, leurs plus vives amertumes se changent peu à peu en une sorte de mélancolie qui leur permet de comprendre, avec un sens affiné par la douleur, tout ce que la terre offre de gracieux et de beau : plus que bien des heureux, ils savent apprécier le bruissement des feuilles, le chant des oiseaux, le murmure des fontaines. Et si la nature a tant d'influence sur les individus pour les consoler ou pour les affermir, que ne peut-elle, pendant le cours des siècles, sur les peuples eux-mêmes ? Sans aucun doute, la vue des grands horizons contribue pour une forte part aux qualités des populations des montagnes, et ce n'est point par une vaine formule de langage que l'on a désigné les Alpes comme le boulevard de la liberté.

ISBN : 978-1986343909

www.ingramcontent.com/pod-product-compliance
Lightning Source LLC
Chambersburg PA
CBHW051857250726
48659CB00006B/2269